AF187871

Johann Strauss

Gesangs-Texte aus Cagliostro in Wien

Operette in 3 Akten

Johann Strauss

Gesangs-Texte aus Cagliostro in Wien
Operette in 3 Akten

ISBN/EAN: 9783744630375

Hergestellt in Europa, USA, Kanada, Australien, Japan

Cover: Foto ©Thomas Meinert / pixelio.de

Weitere Bücher finden Sie auf **www.hansebooks.com**

Personen.*)

Alessandro Cagliostro	Hr. Friese.
Lorenza Feliciani	Frl. Geistinger.
Frau Adami, eine reiche Fabrikantenswitwe .	Frl. Wieser.
Emilie, deren Nichte	Frl. Finaly.
Graf Fodor, ungarischer Leibgardist	Hr. Szika.
Baron Lieven, Rittmeister	Hr. Eichheim.

Blasoni . . .		Hr. Girardi.
Emanuele . .	im Dienste Cagliostro's . .	Hr. Thalboth.
Beppo . . .		Hr. Jäger.
Giovanni . .		Hr. Thomas.

Severin, Unternehmer eines Glückshafens . .	Hr. Schreiber.
Euphrosine, sein Weib	Fr. Skribanek.
Herkules, sein Sohn	Joh. Trebitsch.

Danninger . .	Wiener Bürger	Hr. Liebold.
Pfannberger .		Hr. Kaschke.

Frau Danninger	Frl. Herzog.
Frau Pfannberger	Fr. Clossey.
Buchberg, Feldwebel	Hr. Rüdinger.
Fürstin Krakowacky	Dora Friese.
Graf Prinzenstein	Hr. Krossel.
Marquis Centifoli	Hr. Gärtner.

Erstes . . .	Bürgermädchen	Frl. Jules.
Zweites . .		Frl. Morawetz.

Sechs alte Weiber	Frls. Kern, Grünfeld, Künzler, Schindler, Treuge, Gögginger.
Eine Bürgersfrau	Fr. Hopp.
Eine böhmische Köchin	Frl. Seeberger.

**Ein alter Herr. Ein Jäger. Ein Werkelmann. Rosenkreuzer.
Musikanten. Hausirer. Gäste. Diener. Volk.**

Die Handlung spielt in Wien im Jahre 1783.

*) Mit der Besetzung der ersten Aufführung im k. k. pr. Theater an der Wien.

Erster Act.

(„Ein Jubelfest auf der Türkenschanze.")

Nr. 1. Introduction.

Allgemeiner Chor
(mit Bühnenmusik und Tanz.)

Wie Alles sich froh im Kreise schwingt,
Wenn Linzer-Musik so hell erklingt!
So a lustiges Leb'n,
So g'müthlich, fidel,
Kann's nirgendwo geb'n
Als in Wien, meiner Seel!

Soldaten.

Heut vor hundert Jahren
Hier die Türken waren -
:,: Und bedrohten Wien von da. :,:
Aber uns're Schaaren
Trieben sie zu Paaren
:,: Sammt dem Kara Mustapha! :,:

Mädchen.

Heute könn' mer tanzen
Auf der Türkenschanzen,
:,: Wo jetzt kane Feind mehr steh'n. :,:

Bürger.

:,: Lusti zu der Klampfen :,:
:,: Dudeln mer und strampfen,
Heute laß' mer's füri geh'n! :,:

1*

Bürger und Soldaten.

Bürger und Soldaten
Uebten Heldenthaten,
Machten frei das Vaterland.
:,: D'rum singt Jubellieder:
Hoch die tapfern Brüder!
Krieger — Bürger, Hand in Hand! :,:

Steyrer Bursche und Mädchen.

Heut' san ma recht lusti,
Schön lusti, wohlauf,
Erscht trink'n ma a Wein'l
Und tanza recht d'rauf — Juh!

Ausrufer.

Würstel! Bier! Kaiserfleisch!
Salami, buri, buri!

Weiber (mit Flugschriften.)

Die ganze neuche Beschreibung,
Die ma erscht kriegt ham!

Severin. Sein Weib und Sohn.

Hereinspazirt, hereinspazirt, hereinspazirt!

Severin.

Beim Severin wird nix riskirt,
Denn wer bei uns sein Glück probirt,
Der hat sich niemals angeschmiert.
Das Publicum wird amüsirt,
Bauchrednerei wird producirt
Und Geister wer'n citirt.
Zum Anfang habe ich die Ehr'
Verschluck ein Messer, eine Scheer',
Ein Bajonnet auch sammt Gewehr.
Jedoch mein siebenjähr'ger Sohn
Bracht's weiter als sein Vater schon,
Der schluckt gleich 'ne Kanon!

Alle Drei.

D'rum hereinspazirt, hereinspazirt, hereinspazirt!

Severin und sein Weib.

Fünfhundert Sachen findet man,
Die nützlich sind für Weib und Mann,
Auch Kinder haben Freude d'ran.
Und wer nicht g'rade hat Malheur,
Kriegt einen Silberbecher schwer
Als Hauptgewinn, seht her!

Alle Drei.

A Suppenschal'n von blankem Zinn,
A Tiegel mit Pomade d'rinn,
A paperlgrünes Seidenband,
A Drah=di=Waberl von Tragant,
A g'sticktes Hosenträger=Paar,
A Schachterl Zelteln für'n Katarrh.
A Augenglas von Elfenbein,
A Zunder, Stahl und Feuerstein,
A silberner Perlmutterknopf,
A echter Ulmer=Pfeifenkopf,
A Zahntinktur, a Kukuksuhr,
Die g'winnt man sammt der Rep'ratur!

Allgemeiner Chor.

Wie Alles sich froh im Kreise schwingt,
Wenn Linzer=Musik so hell erklingt!
So a lustiges Leb'n,
So g'müthlich, fidel,
Kann's nirgendwo geb'n
Als in Wien meiner Seel!

Coda.

Spielleut', Spielleut',
Schlagt's 'n Vierfach'n!
Aufg'spielt, aufg'spielt,
Daß d'Geig'n krach'n!
Juchhe! Juchhe!

Nr. 2. Soldaten-Lied.

Buchberg.

1.

Frisch Ihr tapfern Kriegssoldaten
Rüstet Euch zur Türkenschlacht!
Die Muskete scharf geladen,
Daß die Salve donnernd kracht.
Eins, Zwei, Eins, Zwei — frisch Ihr Brüder
Mann für Mann, greift an, greift an!
Kein Pardon, schlagt Alle nieder;
Hunde sind's, was liegt daran!
Habt den Feind Ihr brav geplescht,
Dann wird auch der Durst gelöscht;
   Roth ist Türkenblut, —
   Rother Wein ist gut!

Chor.

Habt den Feind Ihr brav geplescht,
Dann wird auch der Durst gelöscht;
   Roth ist Türkenblut
   Und rother Wein ist gut!

Buchberg.

2.

Mit Kartätschen jagt die Räuber
Stracks in's Paradies hinein!
Gold und Silber — ihre Weiber —
Alles muß dann unser sein!
Ob sie grimmig „Allah" heulen, —
Fest rückt ihnen an den Leib;
S o l c h e Hunde niederkeulen
Ist der schönste Zeitvertreib.
Lumpenhund von Muselmann,
Wart', wir kriegen Dich noch d'ran!
   Fließen muß das Blut
   Von der Satansbrut!

Chor.

Lumpenhund von Muselmann,
Wart' wir kriegen Dich noch d'ran
Fließen muß das Blut
Von dieser Satansbrut!

Nr. 3. Ensemble.

Blasoni, Giovanni, Beppo, Emanuele.

Blasoni.

Der Augenblick ist günstig!
Laß sehen denn geschwind,
Ob uns're braven Leute
Auf ihrem Posten sind.

(Er pfeift leise. Giovanni, Beppo und Emanuele erscheinen.)

Blasoni (leise, schnell und geheimnißvoll).

Ihr dienstbaren Geister
Seid Ihr da?

Giovanni, Beppo, Emanuele.

Cagliostro zu dienen
Sind wir nah!

Alle Vier.

:,: Immer vorwärts, ohne Schonen,
Cagliostro ist der Mann,
Der fürstlich uns belohnen
Und furchtbar strafen kann! :,:
Laßt leise und still
Uns horchen und späh'n.
Vollzieht was er will;
Was der Meister will —
Pst, pst,
:,: Muß gescheh'n! :,:

Blasoni.

Hier ist der Ort, ich bin bereit,
Und erschein' zur rechten Zeit.
Wo ist der Brief?

Beppo.

Schon expedirt,
Doch erst getreu von mir copirt.

Blasoni.

Der Officier?

Emanuele.

Ahnt keinen Trug!

Blasoni.

Und sein Freund?

Emanuele.

Kommt mit ihm her.

Blasoni.

Genug!

(Sie geheimnißvoll nach vorne ziehend.)

:,: Pfiffig spionirt
Treulich rapportirt,
Alles hört und seht,
Nach Verborg'nem späht. :,:
In schlauer Weise
Dient ihm treu,
Und winkt er leise,
Seid schnell dabei!

Beppo, Giovanni, Emanuele.

In schlauer Weise
Dient ihm treu,
Und winkt er leise,
Seid schnell dabei.

Alle Vier.

:,: Immer vorwärts, ohne Schonen!
Cagliostro ist der Mann,
Der fürstlich uns belohnen
Und furchtbar strafen kann. :,:
Laßt leise und still
Uns horchen und späh'n,

Vollzieht, was er will,
Was der Meister will —
Pst, pst,
:,: Muß gescheh'n. :,:

Nr. 4. Entrée-Couplets.

Fodor.

O mein Misko, mein Pferd,
Bist mir wie ein Freund so werth,
Hopp, hopp, im Galopp
Flieg'st mit mir
Treues Thier.
Du verstehst mich so schnell,
Blickst mich an so treu und hell;
Hopp, hopp, im Galopp
Bist geschwind
Wie der Wind!
Ob zum Stelldichein,
Ob zur Schlacht, —
Du mußt mit mir sein,
Tag und Nacht
Niemals bin ich allein!
Hopp, hopp, im Galopp!
Flieg'st mit mir
Treues Thier!
Du trägst mich geschwinde
Zu manchem schönen Kinde;
Noch eh sie uns hört,
Nah ich auf leichtem Pferd.
Abgeschwungen von dem Sitz, —
Sie umschlungen wie der Blitz, —
Eh' sie's glaubt, —
Den Kuß geraubt, —
Und ich reite mit der Beute
In die Weite! —
O mein Misko, mein Pferd,
Bist mir wie ein Freund so werth,

Hopp, hopp, im Galopp!
Hopp, hopp, hopp, hopp, zu fernem Ort,
Hopp, hopp, hopp, hopp, trag' mich fort!

Nr. 5. Chor und Zigeuner=Lied.

Chor des Volkes.

Zum Tambourin und zu dem Cymbalklang
Ertönet des Zigeuner=Mädchens Sang.
Hört doch, hört, wie es schallt und klingt!
Merket auf, was sie uns singt.
Kommt hieher, kommt hieher —
Lauschet ihrer Wundermähr'!

Lied.

Lorenza.

1.

Zigeunerkind, wie glänzt Dein Haar;
Wie blitzt Dein schwarzes Augenpaar!
Was Dir so heiß im Busen glüht,
Das kündet wohl Dein Lied?
  Ob auf der Haide dort, —
  Ob in dem Föhrenwald, —
  Allüberall an jedem Ort
  Dein Lied so feurig schallt:
  :,: Heida, hei! :,:
Wer mir will Begleiter sein,
Der muß Cymbal schlagen, —
Oder mit der Fiedel sich
Und dem Bogen plagen.
Schneller, schneller meine Herren,
Nur nicht zieren, nur nicht sperren!
Geht auch der Athem aus, ha!
    (Zum Marquis, die Geige imitirend.)
Titititi—titi—
    (Zum Grafen, das Cymbal imitirend.)
Tatattata!

Chor.

Tititi—Tatattata!

2.

Lorenza.

Zigeunerkind, wie tönt Dein Sang
So feurig wild das Thal entlang!
Zigeunerkind, hast keine Ruh, —
Mußt wandern immerzu?
So weit der Himmel klar
Der Erde wölbt sein Zelt, —
Zieht der Zigeuner kühne Schaar
Mit Liedern durch die Welt.
:,: Heida, hei! :,:
Wer mir will Begleiter sein,
Der muß Cymbal schlagen, —
Oder mit der Fiedel sich
Und dem Bogen plagen.
Schneller, schneller, meine Herren,
Nur nicht zieren, nur nicht sperren!
Geht auch der Athem aus, ha!

(Zum Grafen, die Geige imitirend.)

Tititi—titi!

(Zum Marquis, das Cymbal imitirend.)

Tatattata!

Chor.

Tititi—titi! Tatottata!

Nr. 6. Strophen=Lied.

Lorenza.

1.

Was er Alles durchgemacht,
Welche Wunder er vollbracht
Durch die Kraft der Wissenschaft, —
Klingt unglaublich — fabelhaft!
Denkt man, daß zweitausend Jahr
Auf der Welt er schon spazirt,
Dann muß man gesteh'n fürwahr,
Daß er famos sich conservirt.

Ja Cagliostro heißt der Mann,
Der solch' Wunder wirken kann —
Aber glauben — aber glauben,
Aber glauben muß man d'ran!

Chor.

Ja Cagliostro heißt der Mann,
Der solch Wunder wirken kann,
Aber glauben — aber glauben
Aber glauben muß man d'ran!

2.
Lorenza.

Droht ihm irgendwo Gefahr
Macht er schnell sich unsichtbar.
Selbst die hohe Obrigkeit
That ihm dann nichts mehr zu Leid.
Gift und Dolch thut ihm nicht weh;
Jedem Schusse hält er Stand, —
Sagt nur „Eins, zwei, drei, passez!" —
Und fängt die Kugeln mit der Hand.
Ja Cagliostro heißt der Mann
&c. &c.

Chor.
Ja Cagliostro heißt der Mann
&c. &c.

3.
Lorenza.

Allgemein ist's auch bekannt,
Daß vom heimlichen Gericht
Er in Spanien ward verbrannt, —
Aber das genirt ihn nicht!
Wenn er Lust hat, wandert er
Trocknen Fußes durch das Meer,
Reist sogar schon bis zum Mond, —
Nur um zu seh'n — ob er bewohnt.
Ja Cagliostro heißt der Mann
&c. &c.

Nr. 7. Quintett.

Fodor. Lieven. Frau Adami. Emilie.
Cagliostro.

Cagliostro.

Wer rufet mich?

Fodor. Lieven. Fr. Adami. Emilie.

Wie, Graf Cagliostro hier?

Cagliostro.

Sie sehen ihn in mir!

Ensemble.

Emilie. Adami. Fodor. Lieven.

Dies Erscheinen so plötzlich
Hat beinah mich erschreckt.
Ja, er scheint unverletzlich —
:,: Man weiß nie, wo er steckt. :,:
Wer gedenkt wohl nicht
An das Sprichwort da:
   :,: „Wenn vom Wolf man spricht,
     Ist er auch schon da!" :,:

Cagliostro.

Mein Erscheinen so plötzlich
Machte großen Effekt,
Alle staunen entsetzlich
:,: Und das hab ich bezweckt. :,:
Wer gedenkt wohl nicht
An das Sprichwort da:
   :,: „Wenn vom Wolf man spricht,
     Ist er auch schon nah!" :,:

zugleich.

Lieven.

So sind Sie nicht arretirt?

Cagliostro.
Wie Sie sehen, nein!
Doch wär's beinah passirt.

Fodor.
Man ließ Sie also wieder frei?

Cagliostro.
Wie Sie sehen, ja
Und warum staunen Sie dabei?
Geschwindigkeit ohne Hexerei
Nur immer keck dabei,
So glückt mir jede Wunderthat
Ganz ohne Apparat!

Fr. Adami.
Sie können Wunder thun?

Cagliostro.
O ja!

Emilie.
Auch in die Zukunft seh'n?

Cagliostro.
Auch das!

Fodor.
Sie heilen Liebesweh?

Lieven.
Und machen Gold?

Cagliostro.
Je nun!

Lieven.
Und daran soll man glauben!?

Cagliostro.
Woll'n Sie — Baron erlauben,
Gleich eine Probe auszuführen!

Lieven.
Ich bitte, sich nicht zu geniren!

Cagliostro (mit einem Lorgnon Lieven fixirend).
Auf Ihrer Brust verborgen dort
Seh' ich ein Billet-doux.

Emilie.

Ein Billet-doux?

Frau Adami.

Ein Billet-doux?

Cagliostro.

Das les' ich Ihnen Wort für Wort.

Lieven.

So lesen Sie nur zu!

Cagliostro (Lieven's Brust fixirend.)

Eine Damenhandschrift wie mir scheint!

Emilie.

Dies Wort raubt mir die Ruh!

Cagliostro (lesend).

Mein vielgeliebter Freund!

Fodor.

Ah, das ist noch nicht dagewesen!

Fr. Adami.

Wie wunderbar!

Emilie.

Was wird er lesen?

Cagliostro

(immer aus einiger Entfernung mit dem Lorgnon scheinbar
durch Lieven's Uniform lesend.)

„Mein vielgeliebter Freund!"
Ihr werthes Schreiben hat mein Herz
Mit herbestem chagrin erfüllet.
Ist das der Lohn pour ma tendresse?
Ist das der Dank pour ma faiblesse?
Wenn Sie sothaner Maßen an mir handeln,
Mir Ihre heißen Liebesschwüre brechen,
Muß ich eventuell den Tod mir geben;
Doch möcht ich Sie vorher noch sprechen.
Mit Sehnsucht — en souffrance
Erwartet Sie Ihre Clemence!

Lieven (sehr wüthend.)

Ich bin verrathen!

Emilie.

O welcher Schmerz!

Fr. Adami.

Was soll ich denken?

Fodor.

War das Ernst, war das Scherz?

Emilie.

Mein Herr, ich muß
Sie Morgen seh'n.

Cagliostro.

Gern werde ich
Zu Diensten steh'n.

Fr. Adami.

Sie schenken Morgen
Mir Gehör.

Cagliostro.

Sobald Sie wünschen,
Hab' ich die Ehr.

Lieven.

Sie werden Morgen
Mir Rede steh'n.

Cagliostro.

Ich hab' doch ziemlich
Genau geseh'n?

Fodor.

Ich komme Morgen
Ganz insgeheim!

Cagliostro.

Sie gehen Alle
Mir auf den Leim!

Ensemble.

Emilie. Fr. Adami. Fodor. Lieven.

Sein Erscheinen so plötzlich
Hat beinah' mich erschreckt.
Ja, er scheint unverletzlich —
:,: Man weiß nie, wo er steckt :,:
Wer gedenkt wohl nicht
An das Sprichwort da:
:,: Wenn vom Wolf man spricht,
Ist er auch schon da! :,:

Cagliostro.

Mein Erscheinen so plötzlich
Hat sie Alle erschreckt,
:,: Ja sie staunen entsetzlich
Und das hab' ich bezweckt. :,:
:,: Wer gedenkt :,: nicht an das
Sprichwort da:
:,: Wenn vom Wolf man spricht, :,:
Ist er auch schon nah!

zugleich.

Nr. 8. Finale.

Chor.

Hört Ihr die Festmusik erschallen?
Seht dort die bunten Fahnen wallen!
Hier kann man sie seh'n,
Hier laßt uns steh'n,
Bis sie vorüber geh'n.

Frauen.

Hier laßt uns steh'n!

Männer.

Und daß die Kehle nicht dabei trocken wird,
Kommt auch Wein, den man uns frei spendirt.

Alle (beim Erblicken der türkischen Trophäen).

:,: Lumpenhund von Muselmann
Wart', wir kriegen Dich noch d'ran!

Fließen muß das Blut
Von dieser Satansbrut! :,:

      Alle (zu den Kriegern).

Heil Euch, Heil Euch, Heil Euch,
Ihr beschirmet das Reich!
Preiset die Thaten noch heut',
Die einst unser Land befreit,
Die Heldenthaten preist noch heut'!
Heil, Heil Euch!

      Fodor.

Wo sich Lorenza sehen läßt,
Erhält den schönsten Glanz das Fest!

      Lorenza.

Hier in den frohen bunten Reihen
Will ich jetzt der Freud' mich weihen,
Und wer mich liebt, stimmt mit mir ein.

Fodor. Cagliostro. Centifoli. Prinzenstein.

Ja mit dem Volke im Verein
Laßt uns der Freude weih'n, stimmt Alle ein!

      Chor.

Da kommt der Wein, Hurrah!
Hieher der Wein!

      Lorenza.

Nach echter Volksweise singen,
Hoff' ich, soll auch mir gelingen!

      Chor.

Her mit dem Wein! Her mit dem Wein!

      Alle.

Und dann singt,
Daß es klingt
Ein echter Vierzeil'ger muß es sein.

      Lorenza.

Beim Dudeln war'n d'Weaner
Von jeher gern froh,
Und nach hundert Jahren da dudeln's
Hier g'rad no a so!

      (Jodler.)

Und s'Gsangl macht dursti
Dös is schon bekannt,
Und s'Weinerl macht s'G'sangl, —
So helfen's anand!

Buchberg.

Hab' a Bußerl Dir geb'n,
Weil's d'gar so hast bitt',
Aber jetzt gib mir's wieder,
Du brauchst es ja nit.
Hast perlweiße Zahnerln
Da lachst du damit;
Du könntst An a beißen, —
Dös thuast aber nit.

Danninger.

Mit Pech hab'n die Weiber
Die Türken einst vertrieben,
Die Türken sein ganga, —
s' Pech is aber blieben.
In Wean is' heut Mode
Mit'n Zopf'n zu gehn
Und i' mein, — von der Mod'
Wird man lang' noch was sehn.

(Geräusch hinter der Scene.)

Lorenza.

Welch' ein Geräusch?!
Was ist gescheh'n?

Francesco (spricht).

Ein Reiter stürzte mit dem Pferde!

Giovanni.

Ein Fremder, sagt man, ein vornehmer Mann.

Emanuele (spricht).

Leblos hob man ihn von der Erde!

Cagliostro.

Ha, endlich kommt Blasoni an!

Chor.

Da ist er schon, man bringt ihn her!

Blasoni.

Au weh!

Lorenza.

Ein Arzt! Einen Arzt schafft her!

Adami. Emilie. Fodor.

Dem hilft kein Arzt wohl mehr!

Lieven.

Wozu einen Arzt noch rufen?
Graf Cagliostro, der Alles kann,
Stellt selbst ihn wieder her!

Cagliostro.

Sie fordern mich heraus? Wohlan,
Hundert Dukaten, daß mir's gelingt,
Daß nach wenigen Minuten
Dieser Mann hier tanzt und singt.

Alle.

Unmöglich!

Lieven.

Ich nehme die Wette an!

Chor.

Wie bleich sein Gesicht
Nein, den heilt er nicht!
(Unter Musik gesprochen.)

Cagliostro. (Melodram.)

Mein philosophisches Goldsalz wird ihm sogleich
neuen Lebensodem geben. Sehen Sie, er athmet schon
wieder. Jetzt sprechen Sie!

Blasoni.

O Dio — sono perdutto, — je suis mort —
ick sein hin!

Cagliostro.

Wo fühlen Sie noch Schmerz?

Blasoni.

Alle Knochen sein caput in kleine Stück. — Mein
Schädel sein gespalten in drei Theil!

Cagliostro.

Das werden wir Alles wieder zusammenbringen.
Ich bitte jetzt in den lustigen Gesängen fortzufahren!

Lorenza.

Wie? Wir sollen jetzt singen?

Cagliostro.

Die Sympathie der Musik wird die Heilung
am schnellsten vollbringen helfen.

Lorenza (beginnt einen lustigen Jodler).

Chor.

Ha, schon regt er sich,
Schon bewegt er sich,
Schon erhebt er sich neubelebt.

Blasoni.

Dui da, dui da etc.

Alle.

Er lebt, er singt,
Er tanzt, er springt!
Ja, ja, ja, ja,
Ein Wunder geschah!

Fodor.

Dein Geld ist pfutsch!

Lieven.

Ha, verdammt!
Hier nehmt Eure hundert Dukaten!

Ab.

Cagliostro.

Für's Volk und die braven Soldaten!

Chor.

Hoch Cagliostro, hoch!

Ensemble.

Lorenza. Emilie. Fr. Adami. Fodor. Blasoni.

Hoch Cagliostro, dem Alles gelingt,
Der die Natur mit starker Hand bezwingt.
Die Wunderthaten preiset Alle laut,
Die mit Staunen wir geschaut!

Alle.

Preiset laut seine Macht!

Cagliostro.

Ich streue heut, den Samen aus
Und ernte gold'ne Früchte d'raus.
Man muß versteh'n, man muß versteh'n,
Mit diesen Leuten umzugeh'n!

Francesco. Giovanni. Emanuele.

Er streuet heute Samen aus
Und erntet gold'ne Früchte d'raus.
Man muß versteh'n, man muß versteh'n
Mit diesen Leuten umzugeh'n!

Ende des ersten Actes.

Zweiter Act.
(„Das Laboratorium.")

Nr. 9. Introduction.

Chor des Volkes.

Hier weilt der selt'ne Wundermann,
Der Allen Hilfe bringen kann,
Dem die Natur und Wissenschaft
Verlieh'n so hohe Kraft.

Blasoni.

Nur Geduld — vertraut —
Doch seid nicht gar so laut,
Daß der Meister
Aller Geister
Durch den Lärm gestört nicht wird.
:,: Weil soeben,
Hier daneben,
Er mit ihnen conferirt. :,:

Chor.

Bald kommt der selt'ne Wundermann,
Der Allen Hilfe bringen kann,
Dem die Natur und Wissenschaft
Verlieh'n so hohe Kraft!

Cagliostro (erscheint.)
Chor.

Da ist er — da ist er!
:,: Cagliostro Ruhm und Ehr'! :,:

Cagliostro.

Cagliostro steht vor Euch,
Der nicht blos weiß zu rathen, —
Nein, auch zu helfen gleich.
So saget einzeln mir
Denn Eure Wünsche hier!

Blasoni und Chor.

Seid nun still,
Laßt uns hoffen,
Glücklich wer
An ihn glaubt!

Cagliostro.

Fangt Ihr nun an!
Ihr folget dann!

Blasoni.

Wer gut bezahlt
Kommt früher d'ran!

Eine Frau.

Ach alle Tage trinkt mein Mann
Beim Heurigen 'nen Rausch sich an,
So komm' ich mit ihm nimmer aus,
Kan Abend find't er'n Weg mehr z'Haus.

Cagliostro.

Dann, gute Frau, nehmt die Latern'
Und führt ihn selber z'Haus, den Herrn.

Die Frau.

I küß' die Hand, bedank' mich schön.

Blasoni.

Bezahlt wird hier, — dann könnt Ihr geh'n!

Chor.

Preist hoch den Wunderman.
Der Allen helfen kann!

Blasoni.

Pst, pst!

Eine böhmische Köchin.

Mein Wenzel ise Kürassier,
Lump, ise word'n untreu mir;
Hab' mit Marianka ihn geseh'n, —
Auf d'Nacht thun's all' Zwei bei Hausthor steh'n!

Cagliostro.

Wenn treulos ward die Caball'rie, —
Versucht es mit der Infant'rie!

Köchin.

J küß' die Hand, bedank' mich schön!

Blasoni.

Bezahlt wird hier, dann können's geh'n.

Chor.

Preist hoch den Wundermann,
Der Allen helfen kann.

Blasoni.

Pst, pst!

Ein alter, nobler Herr.

Ich that ein junges Weiberl frei'n,
Unschuldig wie die Lilie,
Doch fehlt zu meinem Glück mir noch
Vergröß'rung der Familie!

Cagliostro.

Es gescheh'n noch Wunder, glaubet mir,
Macht eine Wallfahrt nur mit ihr!

Der alte Herr (zu einem jungen Manne).

Kommt Nachbar, theilet meine Freud'!

Blasoni.

Zu End' ist die Audienz für heut.

Chor.

Preist hoch den Wundermann,
Der Allen helfen kann.

Sechs alte, häßliche Weiber.

Wundermann,
Hör' mich an!
Nimm uns Alten
Unsere Falten.
Mit dem G'sicht
G'fall ich nicht,
Mach die Glieder
Mollet wieder.
Zähn' wie Perlen,
Aug'n wie Stern,
Rosig's Goscherl
Hätt' ich gern.
Mach' uns zum Verführen schön,
Daß alle Männer nach uns seh'n,
Wo wir geh'n und wo wir steh'n,
Mach' uns zum Verführen schön.
Wundermann, laß' in neuem Glanz
Wieder uns eilen froh zum Tanz,
Mach' schnell uns wieder fesch und jung,
Dann machen wir Eroberung,
Gib uns das Tränkchen, gib's noch heut',
Gib uns zurück die schöne Zeit,
Daß Alle, wo wir geh'n und steh'n, —
Nicht satt sich können seh'n.
Wir bitten schön,
Wir bitten schön!

Cagliostro.

Geduld, Geduld, das ist ein schweres Stück,
Geht nicht sogleich im Augenblick!

Blasoni.

Heute haben keine Zeit wir mehr,
Komm't morgen wieder her.

Die Weiber.

Es wird schon geh'n, —
Wir bitten schön!

Blasoni und Cagliostro.
O welch' ein Graus!
Hinaus, hinaus!

Die Weiber und Chor.
Wunderman, laß' in neuem Glanz
Wieder $\begin{Bmatrix} uns \\ sie \end{Bmatrix}$ eilen froh zum Tanz,

Mach' schnell $\begin{Bmatrix} uns \\ sie \end{Bmatrix}$ wieder fesch und jung,

Dann machen $\begin{Bmatrix} wir \\ sie \end{Bmatrix}$ Eroberung.
Gib uns das Tränkchen, gib's noch heut',
Gib uns zurück die schöne Zeit,
Daß Alle, wo wir geh'n und steh'n,
Nicht satt sich können seh'n.

Mach' $\begin{Bmatrix} uns \\ sie \end{Bmatrix}$ jung, —

Mach' $\begin{Bmatrix} uns \\ sie \end{Bmatrix}$ schön, —

Wir bitten schön,
Wir bitten schön!
Bitte, bitte, bitte schön!

Nr. 10. Duett.

Lorenza. Fodor.

Fodor.
Edés Lorenza — Sie hier zu finden —
Für mich, welch' unverhofftes Glück!
Belieben Sie —

Lorenza.
Und was?

Fodor.
Belieben Sie —

Lorenza.
Nun denn — und was belieben Sie?

Fodor.

Belieben Sie mich anzuhören!
Egy minutá — nur einen Augenblick!

Lorenza.

Gern möcht' ich ihn ermuth'gen, doch —
Ich soll ja grausam bleiben noch!
Was kann denn gar so Wicht'ges heut'
Den Herren zu mir führen?

Fodor.

O hören Sie! Jetzt oder nie
Muß ich mich declariren,
Ich muß mich endlich declariren!
Ganz genau möcht' ich beschreiben,
Was ich fühl' im Herzen hier, —
Doch die schönsten Worte bleiben
In der Kehle stecken mir.
Ein strenger Blick —
Von Ihnen bringt —
Aus dem Concept —
Mich unbedingt — — — —
Ich werd' confus' — —
D'rum haben's Geduld, —
Sonst sitz' ich fest und Sie sind schuld.
:,: Nein lachen dürfen's nit dabei —
Ich mein' es ja so gut und treu.

Lorenza (für sich).

Nein, lachen will ich nicht dabei —
Er meint es ja so gut und treu! :,:

Fodor (für sich).

Hát rajta unverzagt
Den großen Sturm gewagt!
(Laut). Ihre Liebe zu erringen,
Ist mir Nichts zu schwer.
Istén biszonyi, s' muß gelingen!

Lorenza.

Fluchen Sie nicht gar zu sehr,
Mein Herz ist viel zu unbeständig,
Veränderung ist mir nothwendig;

Vergeblich hoffen Sie,
Umsonst der Liebe Müh.
Mit meiner Treu'
Wär's bald vorbei.
Nicht fesseln laß ich mich,
Nur Wechsel liebe ich,
Kann keinem Mann
Gehören an!

Fodor.

Doch meine Lieb'?

Lorenza (zuckt die Achseln).

Fodor.

Und meine Treu —?

Lorenza (zuckt die Achseln).

Fodor.

Und meine Hand?

Lorenza.

Nein, nein, es bleibt dabei,
Ich regrettire sehr,
Doch muß ich danken für die Ehr'.
Mein Herz ist kalt wie Stein,
Es würde bald Sie reu'n,
Ja, sicher würd' es bald,
Ach nur zu bald Sie reu'n!

Fodor.

Teremtette, da nichts mehr nützt,
Da schon Alles abgeblitzt, —
Großer Zaub'rer, höre mich,
Wundermann, ich rufe Dich!
Komm' mit Deiner Flasche,
Daß ich davon nasche.
Teufel! Ördög!
Komm', erschein',
Ende meine Herzenspein!

(Der Pokal erscheint.)

Dank. Meister, Dank!
Das ist der Liebestrank.

Nur her damit, nur her,
Wenn's assa foetida auch wär'!

Ensemble.

Fodor.

Nur schnelle, nur schnelle
Den Becher geleeret,
Dann wird ihre Kälte
In Liebe verkehret,
Bald werd' ich es spüren,
Bald ist es geschehen;
Kaum kann ich's erwarten,
Die Wirkung zu sehen!

(Er trinkt.)

Lorenza.

Nur schnelle, nur schnelle
Den Becher geleeret,
Die Liebe bald wieder dann kehret,
Dann muß ich erhören sein zärtliches Flehen,
Bald wird er die Wirkung dann sehen.
Gottlob! der erste Act ist aus;
Den zweiten spiel' ich schon viel lieber.

Fodor.

Wenn's nur bald wirkt.

Lorenza.

Ich war zu hart!
Sie sind mir nicht böse darüber?

Fodor.

O Gott, so sprach sie nie
Avançen macht sie mir!

Lorenza.

Pardon, vergeben Sie!

Fodor.

O himmlisch Elixir!

Lorenza.

Verzeih'n Sie meine Launen mir,
Und bleiben gute Freunde wir!

Fodor.

Es wirkt — es wirkt— sie lenkt schon ein!
E batta, ich muß jetzt furchtbar liebenswürdig sein!
Gleich wollen wir seh'n,
Ob's besser wird geh'n?
Meine Hand und mein Vermögen
Trag' ich Ihnen nochmals an!

Lorenza.

Nun wir wollen's überlegen, —
Fragen Sie morgen wieder an.

Fodor.

Hätt' ich von dem Trank noch eine Portion,
Gäb' sie ihr Jawort heut', ja heut' wohl schon!

Ensemble.

Fodor.

Es lacht mir der Liebe Glück,
Ja mir sagt der Blick,
Ihr Herz gehört mir,
Und das Alles dank'
Ich allein dem Trank,
Preis dem Wunder=Elixir!

Lorenza.

Ja es lacht mir der Liebe Glück,
Ja mir sagt's der Blick,
Sein Herz gehört nur mir,
Ach Dank dem Liebestrank,
Dem Wunder=Elixir!

Nr. 11. Trio.

Cagliostro. Fr. Adami. Emilie.

Cagliostro.

Unverbrüchliches Schweigen
Ueber Alles hier,
Was sich auch möge zeigen,
Schwören Sie mir!

Fr. Adami. Emilie.

Unverbrüchliches Schweigen
Schwören wir!

Cagliostro.

Keine Frage darf mich stören!

Emilie.

Ich schweige, — was es auch sei!

Cagliostro.

Was Sie auch seh'n werden und hören —

Fr. Adami.

Wenn uns nur nichts geschieht dabei!

Cagliostro.

Wohlan — so fang' ich an:
Gefesselte Geister
Des Raumes, — der Zeit,
Euer Herr und Meister
Befreit Euch heut'.
Bringt Entferntes wieder nah' —
Laßt gescheh'n, was schon geschah.
Helioa! Tetragammata!
Quadrupeda! Kryptogamina!

(Bild erscheint.)

Fr. Adami.

Clemence, wie sie leibt und lebt!

Emilie.

Meine Rivalin! Mein Herz erbebt!

Cagliostro.

Geduld! Sie bleibt nicht lange hier allein,
Bald naht ihr Seladon zum Stelldichein!
Doch still, ein Ruf, ein lautes Wort
Verscheuchet unser Bild sofort!

Emilie.

Er ist's! Er kommt zu ihr, —
Mit mir trieb er nur Spiel!

Cagliostro.

Nur stille!

Fr. Adami.

Nein, das ist ein Scandal!

Emilie.

Halt ein! Zu viel!

(Donner. Bild verschwindet.)

Fr. Adami.

Alle guten Geister!

Cagliostro.

Ich hab's gesagt: Ein Ruf, ein lautes Wort
Verscheuchet solch ein Bild sofort!

Emilie.

Verrathen hat er treulos mich,
Für den dies Herz noch schlägt;
Die Liebe fühl' entschwinden ich,
Die ich für diesen Mann gehegt!

Fr. Adami.

Weil Sie just dabei jetzt sind,
Zeigen's schnell auch mich geschwind
Mollert, sauber, jung und schön!
Wie ich früher aus hab' g'seh'n!

Emilie.

Aber Tante!

Cagliostro.

Wohlan, so seh'n Sie die Gestalt,
In die Sie meiner Kunst Gewalt
Verwandeln soll alsbald!

(Bild erscheint).

Fr. Adami.

Ja ja, so war ich! Die Locken! Der Hals!
Die Figur! Na, die geht noch allenfalls!

Cagliostro.

Nur still! Auch diese Dame bleibt nicht allein
Schon naht ihr Seladon zum Stelldichein!

Fr. Adami.

O Sie Schlimmer! Nein, das hab' ich nie gethan!
So hat mir Keiner dürfen nah'n!
O pfui! Nicht doch! genug!
Jetzt lassen Sie's geh'n!
Das Kind braucht so etwas nicht zu seh'n.

(Bild verschwindet.)

Emilie.

Er, dem ich vertraut,
Auf den ich gebaut,
Er hat mich verrathen, weh' mir!

3

Ensemble.

Emilie.

Nein, keinen Schwüren
Will ich vertrauen mehr!
Keinen süßen Worten
Schenk' ich mehr Gehör,
Will ihn niemals wiederseh'n! Ach!
Verrathen konnt' er mich,
Den ich geliebt so treu!
Das Glück, das ich gehofft,
Auf ewig ist's vorbei.
Ausgelöscht sei jetzt
Der Liebe letzte Spur,
Ich will ihn haffen nur.
Die Liebe fühle ich entflieh'n,
Und haffen, haffen will ich ihn!

Fr. Adami.

Ja, ich werde wieder jung,
Ja, ich werde wieder schön,
Wie ich im Spiegel
Eben mich geseh'n!
Nur still mein Kind!
Du mußt Dich rächen sicherlich,
Ja, das begreife ich.
Nur still mein Kind,
Ach ich verstehe Deinen Schmerz,
Sei still und tröfte Dich,
Ja, rächen mußt Du Dich!
Ach das begreife, begreife ich;
Ausgelöscht sei jetzt
Der Liebe letzte Spur,
Du mußt ihn haffen nur.
Nein so etwas wird nicht verzieh'n,
Ja, haffen, haffen mußt Du ihn!

Cagliostro.

Bald sollen Sie es seh'n!
Wie sich's hier zeigte,
Wird's gescheh'n.

Ich triumphire hier ganz sicherlich.
Glaubt sie auch noch nicht recht an mich,
Seh' ich sie doch von Eifersucht bewegt
Und Zweifel habe ich
In ihrer Brust erregt!
Ausgelöscht ist jetzt
Der Liebe letzte Spur,
Sie muß ihn hassen nur.
Nein, das wird nicht verzieh'n,
Ja hassen muß sie ihn.

Nr. 12. Romanze.

Frau Adami.

Bald sind die Runzeln alle weg,
Bald tanz' ich wieder fesch und keck;
Frisch rollt das Blut hier, —
Ach wie wird so gut mir!
Bald bin ich sauber zum Verführ'n, —
Thu's schon in allen Gliedern spür'n!
Mir ist so wohl — mir ist so warm, —
Leicht wird der Fuß und rund der Arm,
Singen möcht' ich, lachen möcht' ich, —
So lustig fühl' ich mich.
Schon seh' ich's klar,
Ja er sprach wahr:
Ich werd' wieder siebzehn Jahr, —
Oder gar
Sechzehn Jahr!
Schon seh' ich's klar,
Ja er sprach wahr:
Ich bin wieder sechzehn oder höchstens
          siebzehn Jahr!

2.

Was doch solch' kleines Tröpferl macht,
Mir scheint, ich bin vom Traum erwacht,
's' Herz schlagt Allarm hier,
Ach wie ist so warm mir,
Wie werden die Leut' verwundert steh'n,
Wenn's mich so schön verwandelt seh'n.

Wie werden's ſchrei'n,
Paff werden's ſein:
Käm' jetzt ein junger Mann daher,
Schmachten ſollt' er,
Seufzen ſollt' er,
O Gott, wie ſchön das wär'!
Schon ſeh' ich's klar, 2c. 2c.

Nr. 13. Duett.

Blaſoni.

Ha — welch' ein reizendes Geſicht!
Questa ragazza, o che bellezza!

Fr. Adami.

Meint der jetzt mich?
Ich weiß es nicht!

Blaſoni.

O bellezza, o bellezza!
Welk' holde Maid!

Fr. Adami.

Bellezza? das heißt, glaub' ich, „Saubrig-
keit"!

Blaſoni.

O welke Maid!

Fr. Adami.

Er kennt mich nicht!

Blaſoni.

O welke Maid!

Fr. Adami.

Ich hatte geſtern ſchon die Ehre,
Mein Herr Marcheſe?

Blaſoni.

Wie? Geſtern ſah if Sie! Das wäre!
Mai, mai, incredibile! No, no, no, no, no, no!
Wer nur einmal die veduto
Deſſen Herz ſein ſchnell perdutto,
Er ſchlagt nicht mehr moderato, —
Agitato, inammorato!

Auf den Knieen laß mich hier
Piano, piano sagen Dir,
If lieben Dir ganz ungeheuer,
Ja, ganz ungeheuer lieb' if Dir!

       Fr. Adami.

Wie süß, er küßt mit wäll'schem Feuer,
O Gott, das ist mir lang nit g'scheh'n!

       Blasoni.

O lassen Sie die schöne Stunde
Durch einen baccio uns weih'n!
Un baccio von diesem Rosenmunde —

       Fr. Adami.

Sie Schlankel, was fällt Ihnen ein?
Ich kann Sie wirklich nicht versteh'n.

       Blasoni.

Un baccio! Ein Küßchen schön!

       Fr. Adami.

A Buffel bitt' er sich schon aus,
Der rennt glei mit der Thür in's Haus!
Doch es heißt ja: Jugend hat keine Tugend,
Und weil ich so jung und unbedacht, —
So werden keine langen Faxen gemacht!

       Blasoni.

Brrr! Wie smecken das so süß!
Da capo ancora, bis, — bis, — bis!

       Fr. Adami.

Nein, genug mein Herr Markäse,
Jetzt geb'ns an Ruh, sonst werd' ich böse.

       Blasoni.
         (Walzer.)

Könnt' ich mit Ihnen
Fliegen durch's Leben,
An Ihrer Seite
Dahin zu schweben
Sempro allegro,
Ihnen so nah,
O welche Wonne
Felicità!

Fr. Adami.

Ach, wenn man so schön und so jung, —
Wie macht man schnell Eroberung!
Ach, 's ist doch 'ne Wonnezeit
Voll Freud' und Seligkeit!

Blasoni.

Vieni carissima!

(Tanzen).

Fr. Adami.

In Ihrem Arm
Wird mir so warm!

Blasoni.

Mir a, mir a!

Fr. Adami.

So ruh'n wir aus,
Mir geht der Athem aus!

Blasoni.

Ihr geht der Athem aus.

Fr. Adami.

Luft, Luft, Luft, Luft!

Beide.

Könnt' ich mit Ihnen
Fliegen durch's Leben, —
An Ihrer Seite
Dahin zu schweben,
Sempro allegro,
Ihnen so nah',
O welche Wonne,
Felicità!
O Seligkeit, o Seligkeit,
O Gott, o Gott, o welche Freud'!

Nr. 14. Lied mit Chor.

Lorenza.

1.

Mag alle Welt auch preisen
Die Alchymie, —
Den wahren Stein der Weisen

Lehrt Magie
Entdecken Euch nie!
Laßt ab vom Destilliren
Und glaubet mir:
Zum Ziele kann Euch führen
Nur was ich Euch ordinir'.
Mit meinem Medicament
Hat jedes Leiden ein End';
Probirt's und nehmt davon ein,
Gleich strahlt die Welt Euch im Rosenschein.
Habt Acht — es winkt Euch hier, — (mit Chor).
                              seht hier
Ein Jugend=Elixir, — glaubt mir!
Gesang — bei Lieb' und Wein
Das ist der Weisen Stein!
Das nur allein, das nur allein!

2.

Aus leuchtend schönen Augen,
Aus Weines Schaum,
Laßt uns die Lieder saugen
Die so süß uns wiegen in Traum!
Von schwellend ros'gen Lippen
In heißem Kuß
Der Liebe Nektar nippen,
Das belebt und bringt Genuß
Und bannt den Ueberdruß.
Wenn Altersschwäche schon quält,
Bald hier, bald da es Euch fehlt,
Wenn gar die leidige Gicht,
Schon zwickt und drückt,
Molestirt und sticht, — .

2c. 2c.

Nr. 15. Chor der Rosenkreuzer.

Jetzt gib Acht, Du Schwindler,
's ist aus mit Dir!
Denn als Rosenbündler
Stell'n wir uns für.

Und wenn die Embleme
Wir tragen hier,
Kommen als die Vehme
Zu klagen wir.
Alle Bösewichter —
Sie stehen stumm,
Denn wir weisen Richter —
Wir sind nicht dumm!
Jetzt sollst Du beweisen
Uns Deine Kunst,
Ob es wirklich Eisen
Und nicht Dunst!
Sub rosa, sub rosa!
Bebe Schwindler,
's ist aus mit Dir,
Denn als Rosenbündler
Stell'n wir uns für;
Und wenn die Embleme
Wir tragen hier,
Kommen als die Vehme
Zu klagen wir!
Wehe Dir, denn jetzt komm'n wir!

Nr. 16. Finale.

Cagliostro.

Metall zur Reife des Goldes zu bringen,
Kann nur durch Kraft des Feuers gelingen!
Geschwindigkeit ohne Hexerei,
Nur immer keck dabei,
So glückt mir jede Wunderthat
Auch ohne Apparat!
Doch unser Feuer brennt zu schwach;
Helfen die Herren etwas nach!
Helfen Sie, schüren Sie,
Blasen Sie, blasen Sie!

Lorenza.

Blasen Sie, blasen Sie, blasen Sie immer zu,
Blasen Sie, blasen Sie, blasen Sie ohne Ruh!

Blasen Sie, blasen Sie auf diesem Instrument,
Blasen Sie, blasen Sie mit Kraft und Talent!
Ja die Alchymie
Macht gar viele Müh',
D'rum blasen Sie, blasen Sie, blasen Sie,
Daß hell das Feuer glüh'!

Prosa.

Lieben (singt).

Noch ist von Gold nichts zu spüren.

Cagliostro.

Nur blasen und schüren.

Severin.

Die Hitze von den Kohlen
Soll der Teufel holen.

Lorenza.

Blasen Sie, blasen Sie immerzu,
Blasen Sie, blasen Sie ohne Ruh'!
Blasen Sie, blasen Sie,
Auf diesem Instrument,
Blasen Sie, blasen Sie
Mit Kraft und mit Talent!
Ja die Alchymie
Macht gar viele Müh',
D'rum blasen Sie, blasen Sie, blasen Sie,
Daß hell das Feuer glüh'!

Chor und Soli.

Pst! Pst! Pst! Pst!
Ach die Alchymie
Macht gar viele Müh'.
Blast, blast, blast, blast,
Blast ohne Ruh,
Blast immerzu!

Cagliostro.

Jetzt kommt die Masse recht in Fluß!
Bald zeigt sich das Gold in dem Guß.

Alle.

Blasen Sie, blasen Sie ohne Ruh';
&c. &c.

Cagliostro.

Halt! das Metall ist zur Reife gebracht,
Seht her — ich habe Gold gemacht!

Alle.

Es ist Gold, es ist Gold, echtes, reines Gold!

Fodor.

Gelungen ist der Beweis!

Severin und Lieven.

Ist's wahr?

Cagliostro

Gebt Acht, noch ist es heiß!

Alle.

Echtes Gold, reines Gold!

Lieven.

Soll ich's glauben, oder nicht?

Severin.

Glaubet, was Ihr wollt;
Er macht echtes Gold.
Das mach' ich nicht!

Cagliostro.

Ihr Stümper! Nieder auf die Knie
Vor mir, dem Meister der Magie!
Denn mir allein erschlossen nur
Sind alle Kräfte der Natur!
Wagt nimmermehr zu zweifeln, —
Denn sonst — bei allen Teufeln! — — —
Vernichtet Euch ein Wink von mir!

Severin und die Rosenkreuzer.

Vergib uns, wir glauben Dir!
O Meister, da liegen wir!
Vergib uns, — wir waren keck —
Jetzt sind wir vor Staunen weg.

Cagliostro.

So ist's recht, fühlt Ihr Reu',
So steht auf, ich verzeih'!

Lieven.

Ich aber sag', wir sind betrogen!

Cagliostro.

Mein Herr, jetzt werden bald Sie ungezogen.
Hier ist das Gold, belieben Sie zu seh'n.

Fodor und Lorenza.

Was ist gescheh'n?

Alle.

Hahahahahaha!

Cagliostro.

Cagliostro läßt nicht mit sich spaßen:

Lieben.

Ich werde morgen Dich schon fassen!

Prinzenstein und Centifoli.

S'ist sonderbar!

Centifoli.

Wo hab' ich nur mein Lorgnon?

Prinzenstein.

Meine Uhr?

Cagliostro.

Nur weiter in dem Feste!
Für meine neuen Gäste
Einen Punsch hier zur Stelle
Direkt aus der Hölle!

(Eine Punsch=Bowle steigt aus dem Boden.)

Chor.

Erfüllt ist der Wunsch,
Schon dampfet der Punsch!

Cagliostro.

Laßt trinken uns in frohem Kreis.

Lorenzo.

Und ist der Trank ein wenig zu heiß.

Rosenkreuzer.

O weh! O weh!

Lorenza.

Dann, blasen Sie, blasen Sie, blasen Sie immerzu,
Blasen Sie, blasen Sie, blasen Sie ohne Ruh!

Alle.

Ja die Alchymie
Macht gar viele Müh',
D'rum blasen Sie, blasen Sie, blasen Sie,
blasen Sie,
So will's die Alchymie!
Und trinken Sie, trinken Sie!
Trinket, lachet, singet, haha!
Weih't Euch der Freud'!
Denkt nur an heut'!

Ende des zweiten Actes.

Dritter Act.
(„Die Somnambule.")
Nr. 17. Ariette.

Emilie.

Sag' mir, mein Herz, kannst Du wirklich ihn hassen,
Der einst Dich mit seligster Gluth erfüllt?
Kannst den Gedanken der Trennung Du fassen?
Wie kannst Du bannen je sein liebes Bild?
Gesteh' mir's ein, —
Du willst verzeih'n!
Ach, wenn er voll Reue mir wiederkehret,
Ew'ge Treue mir schwöret,
Dann verzeihe ich doch,
Denn ach — ich lieb' ihn noch!

(In den Brief blickend.)

Da schreibt Lorenza mir:
Ich soll vertrauen ihr,
Soll immer frohen Muthes sein;
Dem heißgeliebten Mann
Soll ich gehören an!
Noch heute wird er mein!
Darf ich den Worten wohl vertrau'n?
Kann ich auf seine Treu' wohl bau'n?
Sag' mir, mein Herz, kannst Du wirklich ihn hassen,
Der einst Dich mit seligster Gluth erfüllt?
Ach, wenn er voll Reue mir wiederkehret,
Ew'ge Treue mir schwöret,
Dann verzeihe ich doch,
Denn ach — ich lieb' ihn noch!

Nr. 18. Quartett.

Fodor. Lieven. Severin. Blasoni.

Fodor und Lieven (unter sich).

Der Kerl ist gefährlich
Das Spiel ist nicht ehrlich,
Doch ist unentbehrlich
Für uns das Papier!

Severin (zu Fodor und Lieven).

Das Ding ist gefährlich,
Stellt er sich auch ehrlich —
So gibt er doch schwerlich
Umsonst das Papier.

Blasoni (sich entfernt haltend).

Das Ding ist gefährlich,
Doch bliebe ich ehrlich —
So käme wohl schwerlich
Zu Gelde ich hier.

Alle Bier.

Nur recht fein, nur recht fein!

Fodor (zu Lieven).

Erst rede ich mit ihm allein
Und fädle schlau die Sache ein.

Alle.

Nur recht fein!

Fodor (zu Blasoni).

Nun lieber Freund — was bringen Sie mir?

Blasoni.

Ich — bringen? Wie meinen Sie das?

Fodor.

Setzen wir uns — und plaudern wir!

Blasoni.

Ja, ja, erzählen Sie mir etwas!

Fodor.

Wie ich? Nein Sie!

Blasoni.

Nein Sie!

Fodor.

Nein Sie!

Severin und Lieven.

Auf die Art ist's vergeb'ne Müh'!

Blasoni (für sich).

Ich stell mich dumm
Und bleibe stumm!

Lieven (gibt Fodor ein Päckchen Banknoten).

Da, gib ihm das!

Fodor (zu Blasoni eilend).

Jetzt mach' ich's fein,
Ich leg' ihm's auf den Tisch daher!

Blasoni (für sich).

O je — das Packel ist viel zu klein!

Fodor.

Er beißt nicht an!

Severin.

Dann will er mehr!

Lieven. Fodor.

Der Kerl ist ein Gauner, ein Gauner, ein
Gauner,

Der ist raffinirt,
Mit Salben geschmiert.
Doch wenn uns der Hallunke, Hallunke,
Hallunke
Noch lange vexirt, —
Wird er massakrirt!

Blasoni.

Wenn Sie sich auch giften,
Auch giften, auch giften,
Erst müssen Sie gut blechen,
Gut blechen, gut blechen!

Alle.

Ja, wenn uns der Hallunke,
Hallunke, Hallunke
Zuletzt doch barbirt,
So sind wir blamirt!

Lieben.

Zu lange währt die Sache mir
Heraus mit den Papieren,
Und sind sie wirklich von so hohem Werth, —

Blasoni. Fodor. Severin.

Dann, dann, dann —

Lieben.

Dann sollst Du profitiren!

Blasoni.

Erst sagen Sie mir
Was bieten Sie dafür?

Lieben.

Tausend Gulden!

Blasoni.

Nimmermehr!
Da geb' ich's lieber gar nicht her!

Fodor.

Wohlan! Zweitausend denn!

Severin.

So ist's recht!

Blasoni.

Aber meine Herren — sein Sie doch honnett
Sie bieten wirklich mir so schlecht
Als ob die Waare g'stohl'n ich hätt!

Lieben.

Dreitausend biet' ich Dir!

Blasoni.

Doch wenn's mein Herr erführ,
Würd' er das G'nick mir brechen.

Fodor.

So nimm noch dieses hier!

Blasoni.

Ich laß mich nicht bestechen,
Was denken Sie von mir, mein Herr?

Ensemble.

Fodor. Lieven. Severin.
Der Kerl ist ein Gauner 2c. 2c.
Blasoni.
Wenn sie sich auch giften 2c. 2c.
Fodor.
Fünftausend!
Blasoni.
's thut mir wirklich leid!
Lieven.
Sechstausend!
Blasoni.
s' ist zu schlechte Zeit!
Fodor.
Sieb'ntausend!

Blasoni (hat die Documente aus der Tasche gezogen).
Nein, — für solch Papier
Ist das ein Spottpreis, glaub'n Sie mir!
Meinen guten Herrn verrathen
Für so geringen Lohn?
Lieven.
Zehntausend!
Blasoni.
Zugeschlagen!
Severin
(der von Blasoni die Papiere, von Fodor und Lieven das
Geld empfängt, beim Austausch einen Tausender für sich behält).
Das ist meine Provision!
Alle Vier.
Das sind ja wahre Gauner 2c. 2c.

Nr. 19. Terzettino.

Lorenza. Emilie. Fodor.
Lorenza.
Ah — ah — ah!
O süßes Wörtchen „frei" — frei — frei — frei —
Ich bin frei!

4

Wie lacht das Leben neu!
Ach wie lacht es neu!
Heller Sonnenschein
Strahlt in's Herz hinein,
Scheucht daraus der Leiden Nacht!
Es entflieht das Leid,
Lebensfreudigkeit
Ist auf's Neu' in mir erwacht.
Nein — kein Traum,
Noch glaub' ich kaum
An dieses Glück,
O Dank dem Geschick!

Emilie.

Ach' was Sie so erfreut,
Bringet mir bitteres Leid;
Alle Hoffnung ist vorbei,
Ich bin in seiner Macht auf's Neu'!

Lorenza.

Liebes Kind, tröste Dich,
Baue fest nur auf mich!
Frei wie ich sollst bald Du sein,
Ja, ja, ich steh' dafür ein!
Du sollst glücklich sein!

Emilie.

Ich soll glücklich sein?

Fodor.

Und ich bin der Glücklichste
Von allen Drei'n!

Alle Drei.

O süßes Wörtchen, „frei" — frei — frei — frei,
Ich bin
Sie ist } frei!
Wie lacht das Leben neu,
Ach, wie lacht es neu!
Heller Sonnenschein
Strahlt in's Herz hinein,

Scheucht daraus der Leiden Nacht.
Es entflieht das Leid,
Lebensfreudigkeit
Ist auf's Neu' in mir erwacht!
Ja!
Ja frei, ja frei, mir lacht der Freiheit Glück,
Ich bin   } frei, o süßes Glück!
Sie ist   }
Ja frei, ja frei, jubelnd preis' ich mein Geschick!
Ach! Es entfliehet die Nacht,
Freiheit lacht!

Nr. 20. Finale.

Chor
(während Lorenza als Hellseherin auftritt).

Da naht sie schon, nun spitzt das Ohr,
Langsam schreitend tritt sie vor.
Ein Schauer durchbebet mich,
Kaum wage zu athmen ich.

Cagliostro.

Geister des Lebens,
Ihr strebt vergebens,
Magnetischer Kraft zu widersteh'n;
In Schlaf gebannt
Durch meine Hand
Laßt sie der Traumwelt Wunder seh'n!
Schlafe! — Du mußt! — Ich will! —

Chor.

Seh't hin — sie schläft — nur still!

Cagliostro.

Sie schläft so fest, als hätt' ich ihr
Ein Drama vorgelesen.
Auf meine Fragen wird sie jetzt
Der Zukunft Räthsel lösen. —
So sprich! ich will es! — Kennst Du mich?
Antworte! Antworte!

Lorenza (sich erhebend).

Ja — ich kenne Dich!

Cagliostro
(zusammenfahrend, für sich).

Welche Stimme! Welche Stimme!

Lorenza.

Dich fesselt schon ein Eheband,
Darum entflieh', entflieh',
Denn dieses Mädchens Hand
Erhältst Du nie! Erhältst Du nie!

Cagliostro.

Was soll das heißen?

Alle.

Was ist das?

Cagliostro.

Schweig'!

Lorenza (sich entschleiernd).

Zu lang' hab' ich geschwiegen',
Doch nun genug der Lügen!

Cagliostro.

Bedenke Weib — ich kann Dich zwingen!

Fodor (dazwischen tretend).

Halt, mein Herr Trauschein=Fabrikant!
(Ihm das Document vorhaltend).

Diesmal dürft' es doch mißlingen!

Lorenza.

Nicht Cagliostro heißest Du —
(Stark.)

Josef Balsamo, Fälscher, Verbrecher, —
Hörst Du, es nahen schon die Rächer!
(Trommeln).

Alle.

Man rückt heran,
Soldaten nah'n,
Die Polizei
Eilt auch herbei!

Cagliostro (für sich).
Der Uebermacht zu weichen,
Mit Ehren davon zu schleichen,
Gilt's einen Hauptcoup jetzt!
(Verschwindet).

Lieven.
Ergib Dich, Balsamo!

Fodor.
Verschwunden!

Alle.
Wo blieb er?

Lieven.
Die Thüren sind besetzt!
Er kann nicht fort.

Die Soldaten.
Gefunden!

Die Polizeidiener.
Wir haben ihn!

Die Soldaten.
Nein wir!

Die Polizeidiener.
Nein wir!

Lieven.
Was seh' ich?

Fodor.
Zwei Cagliostro hier?

Chor.
Jetzt sind's ihrer Zwei,
Das ist Hexerei!

Lieven.
Wer ist Cagliostro von Euch?

Giovanni (als falscher Cagliostro).
Cagliostro, das bin ich.

Francesco (ebenso).
Nein ich! Betrachten Sie nur mich!

Severin.

Was thun wir mit Beiden zugleich?

Alle.

Hexerei!

Zauberei!

Jetzt sind's ihrer Zwei!

(Cagliostro erscheint zu Pferde).

Nein, ihrer Drei!

Cagliostro ist der!

(Cagliostro setzt mit dem Pferde über das Gartengitter).

Alle.

Ja, Cagliostro ist der Mann,

Der solche Wunder wirken kann,

Aber glauben, aber glauben,

Aber glauben muß man d'ran!

Ende.